Armin Täubner

# Neues vom Lande

## Fensterbilder und Dekorationen aus Tonkarton

W0390704

frechverlag

## Von dem bekannten Autor Armin Täubner sind im frechverlag zahlreiche Titel zum Thema „Basteln mit Tonkarton“ erschienen. Hier eine Auswahl:

TOPP 1998

TOPP 2044

TOPP 2040

TOPP 2043

TOPP 2030

TOPP 1785

Fotos: frechverlag GmbH + Co. Druck KG, 70499 Stuttgart; Birgitt Gutermuth

Materialangaben und Arbeitshinweise in diesem Buch wurden von dem Autor und den Mitarbeitern des Verlags sorgfältig geprüft. Eine Garantie wird jedoch nicht übernommen. Autor und Verlag können für eventuell auftretende Fehler oder Schäden nicht haftbar gemacht werden. Das Werk und die darin gezeigten Modelle sind urheberrechtlich geschützt. Die Vervielfältigung und Verbreitung ist, außer für private, nicht kommerzielle Zwecke, untersagt und wird zivil- und strafrechtlich verfolgt. Dies gilt insbesondere für eine Verbreitung des Werkes durch Film, Funk und Fernsehen, Fotokopien oder Videoaufzeichnungen sowie für eine gewerbliche Nutzung der gezeigten Modelle.

Auflage: 5. 4. 3. 2. 1. | Letzte Zahlen
Jahr: 2000 1999 98 97 96 | maßgebend

© 1996

frechverlag GmbH + Co. Druck KG, 70499 Stuttgart

ISBN 3-7724-2094-X · Best.-Nr. 2094 Druck: frechverlag GmbH + Co. Druck KG, 70499 Stuttgart

Ein Urlaub auf dem Bauernhof ist ein ganz besonderes Erlebnis. Einen jungen Welpen oder ein kleines Ferkel in den Armen halten – das ist einfach toll! So etwas vergißt man nie mehr. Leider kennen nur noch wenige Menschen das Leben auf dem Lande aus eigener Erfahrung. Doch viele würden gern auf einem Bauernhof leben.

Denn dort ist immer etwas los: Da veranstalten die Hunde ein Wettrennen, die Schweine machen sich auf die Suche nach einem Leckerbissen, die Hähne krähen um die Wette, und ein kleines Ferkel geht auf Entdeckungsreise ...

Das Leben der Tiere auf dem Lande ist lustig und voll spielerischem Witz. Es fasziniert Kinder und Erwachsene gleichermaßen.

Dieses bunte Treiben können Sie sich mit dem vorliegenden Buch in Ihre eigenen vier Wände holen! Die folgenden Szenen sollen Ihnen als Anregung dienen. Selbstverständlich können Sie die Einzelmotive auch ganz anders gruppieren.

Und wem die Kühe, Schweine, Hühner und Hunde noch nicht genügen, der hat die Möglichkeit, seinen Bauernhof um Pferde, Ziegen, Katzen und Gänse zu erweitern. Denn alle Motive lassen sich mit den Vorlagen von Armin Täubners großem Erfolg „Tiere auf dem Lande" frei kombinieren.

Ihrer Phantasie sind also keine Grenzen gesetzt, lassen Sie ihr freien Lauf. Basteln Sie sich Ihren eigenen Bauernhof, und schaffen Sie sich so Ihre eigene ländliche Idylle!

# Schritt-für-Schritt-Anleitung

1

Übertragen Sie zunächst alle Teile des Motivs ohne Überschneidungen auf Transparentpapier.

2

Nun kleben Sie das Transparentpapier auf einen dünnen Karton.

3

Dann schneiden Sie die einzelnen Teile ganz exakt mit einer Schere aus. Das sind Ihre Schablonen, die sich mehrfach verwenden lassen.

4

Legen Sie die Schablonen auf den Tonkarton der gewünschten Farbe, und ziehen Sie die Umrisse sorgfältig mit einem feinen Bleistift nach.

5

Schneiden Sie die einzelnen Teile in der benötigten Anzahl aus.

6

Abschließend kleben Sie die Einzelteile zusammen – die Vorlagen und das Foto dienen dabei als Positionierungshilfen. Zeichnen Sie das Auge, die Konturen etc. mit einem Tuschefüller oder einem schwarzen Filzstift ein. Zuletzt können Sie mit COLORPOINT einen weißen Lichtfleck auf das Auge tupfen.

# Erklärung der Piktogramme

**Rinder**
Selma
Berta
Lisa
Max

**Schweine**
Rosa, Franz
Fritz, Otto
Rosinchen
Fritzchen
Fränzchen
Trinchen

**Hunde**
Asta, Axel
Hasso, Senta
Nicki
Hänschen
Lieschen
Sabinchen
Mäxchen

**Katzen**
Minka
Peter

**Hühner**
Robert
Hugo
Martha
Lina

**Stall**
Hühnerstall
Fenster
Hühnerleiter
Hühnertürchen
Fachwerkstall
Stroh
Betonboden
Nr. 1 und 2
Hundehütte

**Grünflächen**
Wiese
Grasbüschel
Nr. 1, 2, 3,
4, 5 und 6
Efeu Nr. 1
und 2

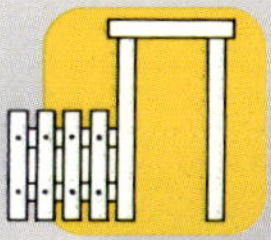

**Zaun**
Weidezaun
Zaunpfosten
Gartenzaun
Gartentor
Gartentür
Riegel
Türbeschlag

**Bäume und Sträucher**
Stamm
Apfelbaum-
krone
Äpfel
Birnbaum-
krone
Birnen
Busch

**Sonstiges**
Misthaufen
Mehlsack
Futterraufe
Futtertrog
Futternapf
Milchschale
Milchkanne
Knochen
Eimer

Die einzelnen Motive sind jeweils mit genauen Angaben versehen, welche Einzelteile miteinander kombiniert werden.
Die einzelnen Teile finden Sie in Originalgröße auf dem Vorlagenbogen. Sie können sie auch nach Ihren Vorstellungen kombinieren und auf diese Weise neue Fensterbilder gestalten.

**Noch ein Tip:**
Um noch mehr Gestaltungsmöglichkeiten zu erhalten, können Sie die Schablonen umdrehen, damit die Tiere in die andere Richtung schauen.

# Hier sind wir zu Hause

Fachwerkstall
Stroh
Betonboden
Nr. 2

Rosa
Fränzchen
Trinchen
Otto

Hasso
Sabinchen
Nicki

Minka
Peter

Futtertrog
Knochen

# Das ist mein Platz!

Senta
Nicki 2 x
Mäxchen
Lieschen
Hänschen

Wiese

Hundehütte

Busch

Futternapf

# Komm doch mit nach draußen!

Franz
Rosa

Minka
Peter

Robert
Martha
Lina

Fachwerkstall
Stroh
Betonboden
Nr. 2

Mehlsack

# Ausflug ins Grüne

Rosa
Fränzchen
Trinchen
Rosinchen
Fritzchen

Wiese

Apfelbaum-
krone
Busch

# Ich heiße Robert, und du?

Fritz

Robert
Martha 2 x
Lina

Wiese
Grasbüschel
Nr. 3

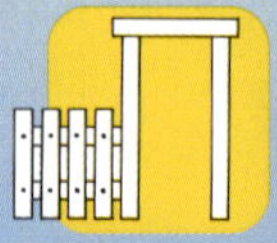

Garten-
zaun 2 x
Zaunpfosten

Misthaufen

# Hallo, Selma!

Selma

Fritz
Trinchen
Rosinchen
Fränzchen

Apfelbaum-
krone
Stamm
Äpfel

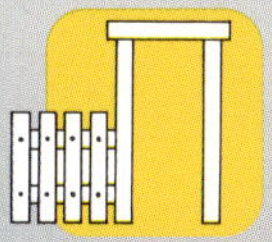

Weidezaun

Wiese

# Hast du Max gesehen?

Lisa

Wiese

Birnbaum-
krone
Stamm

# Ich suche ihn auch!

Selma

Wiese
Efeu Nr. 1
und 2

Garten-
zaun 2 x
Je 1 x:
Gartentür
Gartentor
Riegel
Türbeschlag

# Zeit zum Fressen

Peter

Robert 2 x
Hugo 1 x
Martha 2 x
Lina 2 x

Hühnerstall
Fenster
Hühnerleiter
Hühner-
türchen

Wiese

Misthaufen
Futternapf

# Gelbe Leckerbissen

Franz
Rosa
Fritzchen

Wiese

Birnbaum-
krone
Stamm
Birnen

# Äpfel schmecken besser

Max
Berta

Wiese

Apfelbaum-
krone
Stamm
Äpfel

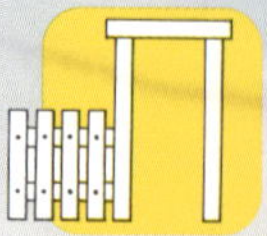

Weidezaun

# Bügelprobe zum Ausprobieren

Motive aus
TOPP-Nr. 2094

**Ausschneiden**
**Aufbügeln**
**Ausmalen**
**Anziehen**

# Trendstarke Motive für Kreative

Original
**Hobbidee Transfers**
für die
Seidenmalerei,
Stoffmalerei,
für Dekorationen,
Karten und mehr ...
X-beliebig
multiplizierbar,
kombinierbar,
variierbar.
Bis 10 mal abbügelbar!

**07-016 73**
**Lui, der Löwe**
11 Motive von 11-23 cm

**07-016 72**
**Die Gnominis**
12 Motive von 11-23 cm

**07-016 56**
**Fröhliche Elefanten**
10 Motive von 6-21 cm

**07-014 82**
**Dinosaurier III**
Lustige Sticker-Vorlagen
von 5-12 cm

**07-015 71**
**Pinguine und Familie Seehund**
18 Motive von 7-20 cm

Motive aus
TOPP-Nr. 2094

**frechverlag**

# Mir ist frisches Heu lieber

Lisa

Minka

Fachwerkstall
Futterraufe
Stroh
Betonboden
Nr. 2

Grasbüschel
Nr. 1 und 2

Milchkanne

# Wie wohl der Knochen schmeckt?

Franz
Rosinchen
Fritzchen

Asta
Hänschen
Lieschen
Nicki
Sabinchen

Wiese
Grasbüschel
Nr. 3

Futternapf
Knochen

# Ihr habt eine tolle Hütte

Fränzchen
2 x
Trinchen

Asta
Hänschen

Hundehütte

Wiese
Grasbüschel
Nr. 5
Efeu Nr. 2

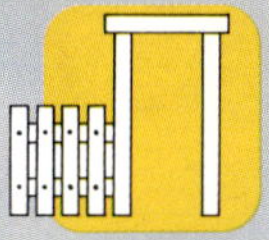

Gartentor
Gartenzaun
2 x

# Hallo, Max!

Selma
Max

Fränzchen
Trinchen

Peter

Wiese

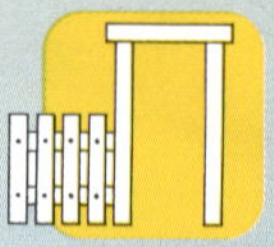

Gartenzaun
2 x
Zaunpfosten

# Kommt, wir spielen!

Senta
Sabinchen 2 x
Hänschen 2 x
Lieschen
Mäxchen

Hundehütte

Wiese
Grasbüschel
Nr. 3, 4 und 5

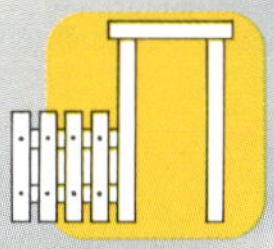

Weidezaun

Busch

Futternapf
Knochen

# Wer ist der schnellste?

Axel 2 x
Sabinchen 3 x
Hänschen 1 x
Lieschen 1 x

Wiese
Grasbüschel
Nr. 3, 4 und 5

Apfelbaum-
krone
Stamm
Äpfel
Busch

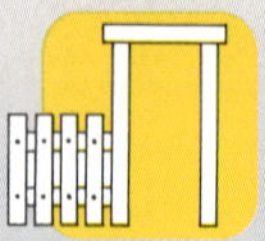

Weidezaun

# Und wer kräht am lautesten?

Robert 2 x
Hugo
Martha 2 x
Lina 2 x

Birnbaum-
krone
Stamm

Wiese
Grasbüschel
Nr. 3 und 4

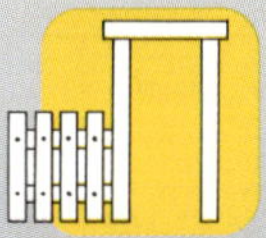

Gartenzaun
Zaunpfosten

Misthaufen

# Wo ist denn Rosinchen?

Rosa
Franz

Peter

Martha 2 x
Lina

Wiese
Grasbüschel
Nr. 6

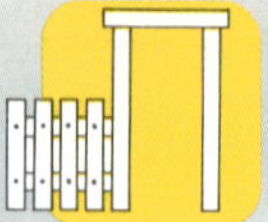

Gartenzaun
2 x
Gartentor
Gartentür
Riegel
Türbeschlag
2 x

Futtertrog

# Was ist denn da los?

Senta
Nicki
Hänschen

Peter

Hühnerstall
Fenster
Hundehütte

Apfelbaum-
krone
Stamm
Äpfel

Wiese

Futternapf
Knochen

# Komm sofort da runter, Martha!

Hasso
Hänschen
Sabinchen
Nicki

Peter

Robert
Hugo
Martha 2 x
Lina 2 x

Fachwerkstall
Betonboden
Nr. 1 und 2

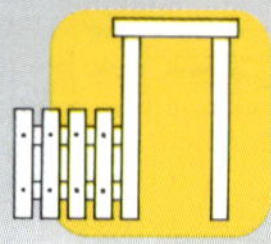

Gartenzaun
2 x

Mehlsack
Milchschale
Knochen

# Spring doch!

Minka

Robert
Hugo
Martha 2 x
Lina 2 x

Hühnerstall
Fenster
Hühner-
leiter

Wiese

Misthaufen

# Du hast dich wohl verirrt?

# Weiß deine Mami, wo du bist?

Berta

Rosinchen

Robert
Martha

Fachwerkstall
Stroh
Betonboden
Nr. 2

Grasbüschel
Nr. 1

Eimer

# Auf zum Endspurt

Axel
Hänschen

Robert
Martha
Lina

Hühnerstall

Wiese
Efeu Nr. 1
und 2

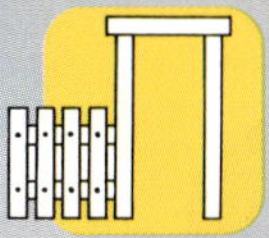

Zaunpfosten
Gartenzaun
Gartentür
Gartentor
Riegel
Türbeschlag

Mehlsack

# Na, ihr beiden!

Berta

Sabinchen
Hänschen
Lieschen

Wiese
Grasbüschel
Nr. 5

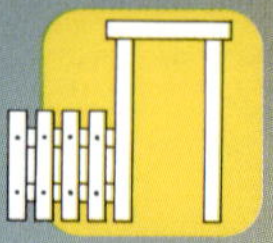

Weidezaun

Birnbaum-
krone

# Da bist du ja!

Selma

Franz
Rosinchen

Hühnerstall

Wiese

Gartenzaun
2 x
Zaunpfosten
1 x

Futtertrog

# Wieder im Stall

Fritz
Franz
Fränzchen
Fritzchen
Trinchen

Robert
Hugo
Martha 2 x
Lina

Fachwerkstall
Stroh
Betonboden
Nr. 2

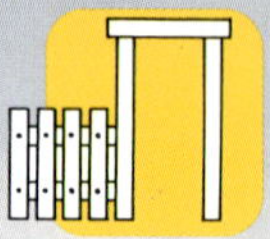

Gartenzaun

Futtertrog